O'r môr i ben y mynydd
Rhigymau Rhyfedd

Golygydd: Mererid Hopwood

Lluniau: Gillian F. Roberts

Mae gen i, ac mae gan lawer,
Gloc ar y mur i gadw amser,
Mae gan Moses, Pant y Meysydd,
Gloc ar y mur i gadw'r tywydd.

Buwch goch gota
P'un ai glaw neu hindda?
Os mai glaw, cwymp o'm llaw,
Os mai haul, hedfana!

Gŵydd o flaen gŵydd,
Gŵydd ar ôl gŵydd
A rhwng pob dwy ŵydd, gŵydd;
Sawl gŵydd oedd yno?

Dôl las lydan,
Lot o wyddau bach penchwiban,
A chlagwydd pen aur
A gŵydd ben arian.

Yr wylan fach adnebydd
Pan fo'n gyfnewid tywydd
Hi hed yn deg, ar aden wen,
O'r môr i ben y mynydd.

Ifan bach a finne
yn mynd i ddŵr y môr,
Ifan yn codi'i goese
A dweud fod y dŵr yn o'r.

Ifan bach a finne
yn casglu cregyn glas
a chrancod bach a gwymon
yn nŵr y pyllau bas.

Robin goch ar ben y rhiniog,
A'i ddwy aden yn anwydog;
Ac yn dwedyd yn ysmala, –
'Mae hi'n oer, mi ddaw yn eira'.

Titw bach ar gangen coeden
A'i gap glas a'i wasgod felen;
Dere Tomos, dwed dy hanes –
'Collais Mam a'm nyth fach gynnes'.

Iâr fach bert
yw fy iâr fach i –
Pinc a melyn
A choch a du.

Aeth i'r tŷ
i ddodwy wy
a chododd ei chwt
a bant â hi.

Deio bach a finne
Yn mynd i werthu pinne;
Un rhes, dwy rhes,
Tair rhes am ddime.

Deio bach a Sara
yn mynd i brynu bara;
un dorth, dwy dorth
nes bwyta llond eu bola.

Hen fenyw fach Cydweli
Yn gwerthu losin du
Yn rhifo deg am ddime
Ond un ar ddeg i mi.

Dacw long yn hwylio'n hwylus
Heibio'r trwyn ac at yr ynys –
Os fy nghariad i sydd ynddi
Hwyliau sidan glas sydd arni.

Cwch bach ar y môr
A phedwar dyn yn rhwyfo;
A Shami pwdwr wrth y llyw
Yn gweiddi – 'Dyn â'n helpo!'

Tair merch oedd gan Gruff Dafi –
Hifren a Hafren a Hafreni,

Tri mab a ddaeth i'w caru –
Rhipstwn a Rhapstwn a Rhapstwndi,

Tri 'ffeirad a ddaeth i'w priodi –
Syr Gicwm, Syr Gacwm a Syr Gacabondi.

Ladis bach y pentre
Yn gwisgo cap a leise –
Yfed te a siwgwr gwyn
A chadw dim i'r llancie;
A modrwy aur ar ben pob bys
A chwr eu crys yn llapre.

Argraffiad cyntaf – 2006

ISBN 1 84323 756 3
ISBN-13 1843237563

Golygydd y gyfrol: Mererid Hopwood
Y lluniau gan Gillian F. Roberts

ⓗ y casgliad hwn: ACCAC ©
ⓗ y lluniau: ACCAC ©

Cedwir pob hawl. Ni chaniateir atgynhyrchu unrhyw ran o'r cyhoeddiad hwn na'i gadw mewn cyfundrefn adferadwy na'i drosglwyddo mewn unrhyw ddull na thrwy unrhyw gyfrwng, electronig, electrostatig, tâp magnetig, mecanyddol, ffotogopïo, recordio, nac fel arall, heb ganiatâd ymlaen llaw gan y cyhoeddwyr, Gwasg Gomer, Llandysul, Ceredigion.

Cyhoeddwyd drwy ganiatâd
Awdurdod Cymwysterau Cwricwlwm ac Asesu Cymru.

Argraffwyd gan
Wasg Gomer, Llandysul, Ceredigion, Cymru SA44 4JL